LETTRE

DE

L'ABBÉ TERRAI,

AUTREFOIS

CONTROLEUR-GÉNÉRAL DES FINANCES,

ET MAINTENANT EN......

A SON EXCELLENCE

M. LE COMTE DE VILLÈLE,

AUJOURD'HUI MINISTRE DES FINANCES, ET MEMBRE DE
LA CONGRÉGATION DES PÉNITENS DE TOULOUSE ;

PUBLIÉE PAR RABAN.

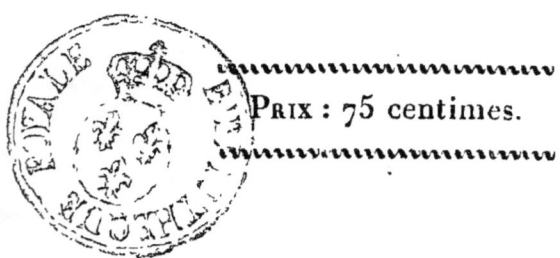

Prix : 75 centimes.

A PARIS,
CHEZ TOUS LES MARCHANDS DE NOUVEAUTÉS.

1824.

IMPRIMERIE DE SÉTIER,
COUR DES FONTAINES, N° 7.

LETTRE

DE

L'ABBÉ TERRAI,

AUTREFOIS

CONTROLEUR-GÉNÉRAL DES FINANCES,

ET MAINTENANT EN ....

A SON EXCELLENCE

M. LE COMTE DE VILLÈLE,

Aujourd'hui Ministre des Finances, et membre de la congrégation des Pénitens de Toulouse (1).

Mon cher confrère,

Je suis dans un très-mauvais lieu, et je m'y ennuierais beaucoup, si je n'avais de temps en temps des nouvelles de notre pays,

---

(1) Plusieurs Journaux ont annoncé que M. de Villèle avait succédé à son père, comme membre de cette société.

Depuis quelques mois surtout, j'en reçois assez fréquemment, et je vous en rends grâces, car vous êtes la cause qui produit cet effet. Vous avez le bon esprit de rogner les ongles aux rentiers; il s'en suit qu'ils pestent contre vous, et s'il arrive qu'ils aillent de vie à mort dans un moment d'humeur, je reçois tout aussitôt leur visite, attendu qu'un homme qui a pesté là-bas pendant quelques heures, doit griller ou bouillir ici pendant quelques siècles; et cela a au moins l'avantage de distraire un peu les gens de condition comme moi, qui doivent passer deux ou trois milliers de siècles dans ce séjour.

On m'assure, mon cher confrère, que vous avez beaucoup de peine à faire entendre à vos rentiers l'avantage qu'il y a à donner des petits écus pour quarante-cinq sous; on ajoute que ces petites gens là vous rendent la vie dure, que vous ne savez auquel entendre, et que vous avez des affaires par dessus la tête...... Quoi donc, mon cher et honoré successeur, seriez-vous ministre sans avoir les grâces d'état? ou bien avez-vous oublié qu'un ministre doit avoir avant tout une tête de fer, un front d'airain, un cœur de bronze et un cul de plomb?.. (1) Ah! mon cher confrère, que vous êtes à plaindre, si vous ne possédez pas toutes ces qualités !.... Oui, vous êtes à plaindre, puisque moi qui les possédais à un dégré éminent, je ne pus cependant garder ma place, à laquelle je portais une tendre affection. Mais aussi, pourquoi vous faire ministre, si ce n'est pas votre vocation ?

Et puis, mon cher confrère, vous auriez tort de croire que l'on peut jouir des béné-

(1) Voyez les journaux anglais.

fices sans supporter les charges. S'il y a des grâces, il y a aussi des peines d'état. Vous vous plaignez, et vous devriez vous réjouir; car vous n'éprouvez pas le quart des tribulations qui m'ont été suscitées. De mon temps, nous avions des philosophes qui se moquaient de nous, et maintenant vous avez des gendarmes qui se moquent des philosophes. Non-seulement vous faites taire les raisonneurs, mais encore vous les faites *empoigner*. Non-seulement vous n'avez pas à supporter les tracasseries d'un parlement, mais avec quelques sinécures et de bons dîners, vous lui faites faire tout ce que vous voulez. Vous cueillez des fleurs où je n'ai trouvé que des ronces, et vous moissonnez dans un champ où je pouvais à peine glaner. On vous plaisante quelquefois; mais vos coffres s'emplissent, et les miens étaient presque toujours vides. Cependant, Dieu sait si j'entendais bien le métier ! Je faisais argent de tout. On m'a vu rançonner les huissiers, créer des charges de perruquiers, et vendre de la noblesse aux gens qui n'avaient que des écus (1); mais avec tout cela, je ne pouvais seulement satisfaire la favorite qui aurait mangé le revenu de dix royaumes. Vous n'avez pas de favorite, vous, mon cher confrère.

Vous avez annoncé, il est vrai, l'intention de *fermer les dernières plaies de la révolution*, et c'est là une tâche d'autant plus difficile, que ces plaies, je le sais de bonne part, sont des chancres qui rongeront vos finances sans en être jamais rassasiés. Mais pourquoi promettre aussi légèrement ? Ne savez-vous point qu'il est très-difficile de persuader aux petits esprits que

---

(1) Voyez les Mémoires de l'abbé Terrai.

deux et deux font cinq? Cependant, mon cher confrère, cela n'est pas tout-à-fait impossible, et avec de la persévérance, vous pourrez y parvenir. A force d'être absurde, on se familiarise avec l'absurdité; une grosse sottise, dite avec un air spirituel, devient presque un bon mot; il n'est pas de mensonge qui n'ait l'apparence d'une vérité, lorsqu'il a été répété pendant un mois par quelques centaines de personnages.

Sachez bien, mon cher confrère, que, quelque chose qui arrive, un ministre des finances doit non-seulement avoir bec et ongles, mais encore faire de l'un et des autres un usage continuel. Or, puisque le ciel vous a si généreusement pourvu de ce côté, vous seriez très-coupable en ne tirant pas de ses dons tout le parti possible. Ne ménagez donc pas les coups de bec; donnez-en beaucoup et souvent, et vous arriverez à bien.

C'est avec peine, je le confesse, que je vois votre puissance s'appuyer sur les congrégrations. Prenez-y garde, mon cher confrère, si elles recouvrent leur ancienne influence, elles vous joueront plus d'un mauvais tour. Ignorez-vous qu'il m'est arrivé plusieurs fois d'être vertement tancé par un curé de village ? ne savez-vous pas que ces gens sont d'autant plus à craindre, qu'ils prétendent avoir pour eux la volonté de Dieu ? et le moyen de résister à des ennemis qui vont chercher des armes dans le ciel...! Vous m'objecterez, peut-être, qu'en votre qualité de *pénitent*, vous êtes l'allié naturel des ordres religieux ; mais croyez-moi, mon cher confrère, contentez-vous d'être ministre; vous aurez assez le temps de faire *pénitence* lorsque nous habiterons de compagnie le séjour d'où je vous adresse ces conseils...... Il me semble vous voir pâlir, mon cher confrère; croyez-vous donc qu'on y soit bien malheureux ? si vous croyez cela, détrompez-vous. Je ne sais rien de plus insipide que d'être toujours dans la même situation; et la nôtre, ici, varie tous les jours; et puis nous sommes en si bonne compagnie qu'il y aurait conscience à se plaindre.

On m'assure que vous exigez de vos subordonnés l'obéissance la plus aveugle : cela est bien, mon cher confrère; cela est très-bien, et me fait croire que vous êtes dans la bonne voie; c'était ainsi que j'en agissais moi-même : il me souvient qu'un jour les receveurs généraux vinrent par mon ordre se prosterner devant la Dubarri (1), et cela fut cause que je restai ministre quelques années du plus. Vous n'êtes

―――――――

(1) Voyez les Mémoires du temps.

pas encore si avancé, mon cher confrère ; mais avec le temps et mes conseils, j'espère, Dieu aidant, que tout ira bien. Surtout, mon cher confrère, je vous le recommande particulièrement, soyez insensible aux épigrammes ; que votre habit brodé soit une cuirasse contre laquelle toutes les pointes viennent s'émousser. Il est très-dangereux de montrer de l'humeur pour des bagatelles : cela dénote un petit esprit, et un petit esprit ne saurait être long-temps ministre. Si j'avais voulu sévir contre les auteurs de toutes les épigrammes qui furent lancées contre moi (1), les lettres de ca-

---

(1) Nous en rapporterons quelques-unes pour donner une idée de l'esprit du temps ; déclarant que nous n'avons point l'intention de les appliquer au successeur actuel du bon abbé.

Sur les liquidations du Parlement.

Venez, Messieurs du Parlement,
Liquider chacun votre office :

chet m'auraient manqué, et les prisons d'état n'auraient pas été assez grandes. Laissez

L'Etat veut vous rendre service ;
Tout est prêt pour le payement.
Reconnaissez légalement
Par quittance devant notaire,
Avoir reçu la somme entière,
La finance et le supplément.
Mais où l'argent, le numéraire ?
Vous écrierez-vous vivement.
Pour gens consommés en affaire
Vous raisonnez bien gauchement !
L'argent est un métal solide ;
Il s'agit ici du *liquide*.
Ne veuillez tant vous intriguer ;
On veut à tous vous déléguer
Une rente nette et bien claire
Sur les brouillards de la rivière.

Lors de l'avènement de Louis XVI au trône, l'épigramme suivante fut affichée à la porte du ministère :

Grâce au bon roi qui règne en France,
Nous allons voir *la poule au pot*.

faire des épigrammes aux rentiers : il est difficile de ne pas avoir de l'humeur quand on perd son argent.

Gardez votre place, mon cher confrère,

Cette poule, c'est la finance,
Que plumera le bon Turgot.
Pour cuire cette chaire maudite,
Il faut la Grève pour marmite,
Et l'abbé Terrai pour fagot.

Voici une réclamation qui fut adressée à l'abbé ministre :

Monseigneur, vous dont le génie
S'étend sur la postérité ;
Vous, par qui la France enrichie
Chantera sa prospérité !
Daignez écouter, je vous prie,
Le cri de la nécessité.
Toujours soumis aux lois du prince,
Mon cœur, avec docilité,
Reçoit un arrêt qu'en province
La Renommée a débité.
C'est l'arrêt qui rogne nos rentes,

gardez-la le plus long-temps possible; car il est bien agréable d'avoir 150,000 fr. de

---

Et qui supprime mon souper.
Mais que peuvent des lois urgentes
Sur la faim, qu'on ne peut tromper ?
Mon estomac déraisonnable
Ne veut nullement obéir,
Et me contraint d'aller à table
Quand la nuit commence à venir.
Que ferai-je, en ces circonstances ?
Ne point manger !... Votre dessein
N'est pas, pour grossir les finances,
Que les autres meurent de faim.
D'ailleurs, si l'église elle-même
Ne veut qu'un jeûne limité,
Nous prescrirez-vous un carême
Qui dure à perpétuité ?
Rendez-moi donc, je vous supplie,
Par votre générosité,
Ce qu'on retranche sur ma vie :
Tout est facile à la bonté.
Ou, pour que la loi s'accomplisse,
Faites, par un trait inconnu,

traitement, et de pouvoir disposer chaqu...
jour de quelques millions. Pourtant on n...

Que l'estomac se rétrécisse
Conformément au revenu.

Lorsque Turgot succéda à l'abbé Terrai, le dialogue suivant courut tout Paris :

LE ROI.

Mon contrôleur Turgot, dites-moi, quel homme est-ce?

LE COMTE DE MAUREPAS.

Sire, il a l'esprit juste et le cœur citoyen;
Il respecte les lois et les mœurs.

LE ROI.

C'est fort bien.
Mais il n'entend jamais la messe.

LE COMTE DE MAUREPAS.

Sire, je n'en sais rien : on tient tant de discours....
L'abbé Terrai, dit-on, l'entendait tous les jours.

L'abbé Terrai et le chancelier furent renvoyés en même temps, le jour de la Saint-Barthélemi ; quelqu'un dit : *Voilà une belle Saint-Barthélemi de Ministres ! — Oui*, répondit un autre, *car ce n'est pas le massacre des innocens.*

peut répondre de rien : soyez donc prévoyant; quelque chose qui arrive, ménagez-vous une poire pour la soif, et comptez sur mes conseils et mon amitié.

Cette lettre n'étant à d'autres fins, mon cher confrère, je suis, en attendant le plaisir de faire avec vous plus ample connaissance, votre dévoué conseiller,

Signé **TERRAI.**

www.ingramcontent.com/pod-product-compliance
Lightning Source LLC
Chambersburg PA
CBHW071430060426
42450CB00009BA/2107